Anregung zum Buch gab mir eine Aufführung des „Jedermann. Das Spiel vom Sterben des reichen Mannes" von Hugo von Hofmannsthal in der Potsdamer Nikolaikirche im Jahre 2018. Mit dem Stoff hatte ich mich vorher noch nie beschäftigt. Dennoch begann ich schon auf der Rückfahrt, am nun **„JederDann. Vom Sterben des reichen Mannes - ein Schaustück in sieben Aufzügen"** genannten Stück zu arbeiten. Meine Herausforderung sollte es sein, dieses alte Märchen als Monolog aus der Sicht des Reichen **„JederDann"** neu zu erzählen.

Zuerst als Theatermanuskript geplant, entschied ich mich, auch eine Buchversion ohne Regieanweisungen zu veröffentlichen. Kurze Einführungen am Beginn der sieben Aufzüge sollen den Leserinnen und Lesern Raum lassen, die Geschichte des **JederDann** - vielleicht selbst laut deklamierend - mit eigenen Fantasiewelten und unserer heutigen Wirklichkeit zu verbinden.

Lassen sie sich darauf ein, in den Pinselstrichen der kleinen Grafiken - Wolkenbildern gleich - stilisierte Figuren, Wesen, Menschen mit spitzen oder stumpfen Köpfen zu erahnen, um sich **JederDanns** Erlebnisse bildhaft zu illustrieren.

Ewu Gizpölk
Februar 2021

Großer Dank gilt meiner Frau Sabine, die geduldig mein „Verschwinden" - auch während der Arbeitszeit - ins Schreibkämmerlein ertrug und mir beim zeitaufwendigen Gegenlesen so manchen guten Rat zur Verbesserung des Textes gab.

Dank auch an die Korrektorin, Frau Dr. Lotte Husung, für die gründliche Durchsicht und die Ermutigung, diesen Text reichlich zu apostrophieren.

Ewu Gizpölk

JederDann

Vom Sterben des reichen Mannes -
ein Schaustück in sieben Aufzügen

www.tredition.de

© 2021 Ewu Gizpölk
Umschlag, Illustration: Uwe Arnold
Korrektorat: Dr. Lotte Husung

Verlag und Druck:
tredition GmbH, Halenreie 40-44, 22359 Hamburg

ISBN
Paperback: 978-3-347-22991-4
Hardcover: 978-3-347-22992-1
e-Book: 978-3-347-22993-8

Inhalt

Personen der Handlung

Reale Person
JederDann (alter reicher Mann)

Fiktive Personen
dicker Vetter
dürre Base
Kumpanei
Buhlschaft
Tod
Mammon
Mumie
72 Haremsweiber
Teufel
(Gott will nicht mitspielen)

Prolog

JederDann ist ein typischer Lebemann, welcher glaubt, das Alter könne ihm nichts anhaben. Sein Reichtum bedeutet ihm alles, Empathie für ärmere Menschen nichts. Überheblich zeigt er, wie Besitz sein protziges Leben befeuert.

Als Junggeselle lebend, entspricht **JederDann** *dem Klischeebild eines in die Jahre gekommenen Playboys. Er geht davon aus, mit Prasserei und üppigen Festen Freunde um sich scharen zu können. Seine von ihm auf ihre weiblichen Reize reduzierte Liebschaft umwirbt er statt mit Zuneigung nur mit wertvollen Geschenken.*

Der Schwerenöter

Wie jeden Abend kommt **JederDann** *in den Festsaal, um ausschweifend zu feiern. Dazu lädt er prahlerisch Verwandtschaft, vermeintliche Freunde und natürlich seine Geliebte ein.*

JederDann *gibt sich gern jünger, als er ist. Doch plagen ihn schon so manche Zipperlein. Auch der Hang zu häufigem Alkoholgenuss lässt ihn oft nur unsicher schwankend vorwärtskommen. Deshalb hat er in dem etwas heruntergekommen wirkenden Saal an verschiedenen Stellen stabile Seile an der Decke anbringen lassen, um sich notfalls festhalten zu können.*

Leicht angeheitert, schleppt **JederDann** *torkelnd ein Weinfass und diverses Tischgeschirr herein. Er zerrt sogar ein Schwein hinter sich her. Die im Zentrum des Saals stehende weiß eingedeckte Tafel musternd, sieht er missmutig auf den noch nicht angeheizten Grill und wärmt sich die Hände an einem lodernden Kaminfeuer.*

Plötzlich wird **JederDann** *von einer furchterregenden Stimme aufgeschreckt, die dreimal seinen Namen ruft ...*

JederDann! JederDann! JederDann!

He,
mich deucht,
ich hört' meinen Namen
recht laut gerufen
und in gar garstiger Sprache.
Doch hier ist es so gruselig einsam,
an meiner Tafel weder Herren
noch wunderschöne Damen.

Mein Knecht,
der heute Morgen fast
von meinem Gaule wurd' erschlagen,
hat beide Beine sich dabei zerbrochen -
und eine platte Nase
von dem Hufschlage sich fürderhin ergab.
Ein Auge hängt nun glotzend weit herunter,
das andere jetzt neugierig in sein Hirne schaut.

Dieser Knecht
danach
wollt' nicht richten mir
mein heutig rauschend' Fest!
Meint,
könne nicht laufen,
nichts sehen erst recht.
Dem gab ich 'nen Tritt,
der kommt nimmer wieder.
Und sein Salär, das kriegt er auch nicht -
kann er die Kreuzer doch nun nicht mehr zählen!

Oh,
nun muss ich selber schleppen
diese Fässer voller Wein,
die silbernen Becher,
die Teller,
ein ganzes Schwein!

Ach,
diese Plackerei,
die ist nicht so meins!
Will endlich wild tanzen und lustig sein!

Au,
grad jetzt muss mich die Hexe schießen,
mein Zipperlein trifft mich im Kreuz,
der Schmerz lässt mich zu Boden fließen!
Verdammt,
kann keinen Meter vorwärtslaufen,
drum kriech' ich nun dem Tisch zu Kreuz
und halt' mich fest an Deckenschlaufen!

Ja, so geht's mir wohl,
so bin ich sicher!
Und wenn wer mir die, die Beine
von dem Erdenboden wegziehet,
wenn wer mir, wer mir, wer mir meine Beine
von dem Erdenboden wegziehet -
kann ich immer noch,
mit den Armen,
kann ich …
fressen kann ich,
saufen auch,
Huren alle mir willig,
hab' Mammon zuhauf!

Alle kommen,
wenn ich schrei'!
Klimpert's im Beutel,
eilen alle, alle schnell herbei!
He,
dicker Vetter,
heißa,
dürre Base!
Seid ihr endlich auch schon da?
Sauft, ja sauft
den Wein doch gleich direkt in eure Blasen
und fresst dem Spanferkelchen seine Ohren ab!
Ist genug da, nur zu!
Für meine Kumpanei
koch' ich allemal
ausreichend und leckeren Brei.

Mag Armer mancher hungern -
ja, verrecken gar.
Was geht mich das an?
Wichtig nur ist meine Lust fürwahr!

Hm,
Lust, ja, meine Lust!
Oh, ach,
mein' lieblich' Buhlschaft,
nahest du schon?
Und schweben
deine unkeuschen Lenden
in diesem wunderschönen roten
und vorne
ganz bis zum Boden geschlitzten Kleide
für meine Lust sogleich zu mir?

Komm,
meine blütige Buhlschaft,
Abbildnis meiner wildesten Träume!
Komm,
meine Hübsche, meine Schöne,
spring auf diese Tafel und tanz', tanze!
Wirf deine schlanken Fesseln artig auf und nieder -
begehrliche Aussicht für mein heiß' Geblüt!

Doch halt!
Zuerst
diesen gülden' Keuschheitsgürtel
leg ich
um deine wohlfeil rundlich' Lenden
dir herum.

Und
den Schlüssel aus Diamantengestein -,
den habe ich!
So bist du mein - ewiglich!

Komm,
Buhlschaft,
drück' dein Becken gegen meines!
Solange du drückst,
ist mein Gold auch deines!

Und je länger du drückst,
je mehr du schreist,
umso reicher dein gülden' Gewand
ich dir zurechte schneid'.

Sauft und fresst nur!
Ergehet euch in meinem ganzen Schloss!
Habe Besseres zu tun,
erobere mir jetzt diesen reizvollen Schoß.

Die Gruft ruft

Nach dem kurzen, aber ihn erschöpfenden Liebesakt neigt sich die Lebenskraft des **JederDann** ihrem Ende zu. Er halluziniert und sieht den Tod, der ihn zu sich ruft. Jedoch soll er vorher sein Leben überdenken, sich läutern.

JederDann stellt sich überheblich wider den Tod. Erst in seinen letzten Atemzügen erkennt er, dass er jetzt unausweichlich im Sterben liegt.

Uh,
wie ist mir schlecht!
Hat dieser letzte Ritt
mich so sehr geschwächt?
Uh,
alles ist so schlapp!
Mir orgeln tausend Pfeifen
hinter beiden Ohren -,
als ob ein langer Bohrer
vom linken in das rechte Ohr
rechtschaffen gedrillet würde!

He,
wer dreht da an des Bohrers Kurbel?
Lass das!
Schmerz
dröhnt wie einer Glocke Schlegel
inmitten meines armen Schädels!
Nein!

Meine lieben Kumpane,
Mitfresser, vielleicht Gefährten,
ihr schönen, vollen Schenkel -
wie, wie blicket ihr
auf unserer Runde Tafel?
Als, als wäre
ein Gespenst im Raum!

Ach,
schauet doch nicht so erschröckelich,
ich bitte euch!
Das geht bald vorüber -
ich träum' gar grässliches Zeug.

Kann immer noch
scheffeln mein Gold zuhauf
und kann es mehren und mehren und mehren.
Kann immer noch
pressen die Armen ganz platt
und saugen jeden Groschen von ihrem Blute ab.
Kann immer noch
feiern nach meinem Pläsier
und kann immer noch
huren mit dir und mit dir.
Und mit dir und mit dir und mit dir und mit dir -
und mit dir!

Die Mutter mag reden,
mein einziger Sohn,
so heirate endlich doch!
Fühl' viel zu jung mich,
lebe gern in meinem güldenen Loch!

Ah,
rückwärts drillt's nun,
ah,
der Bohrer ist raus!
Zur Kühlung hinein
mit dem schweren roten Wein!
Durch das Loch läuft der
zum anderen Ohre wieder heraus!
Oder
ist es gar Blut,
vielleicht Herzeblut meines?

Das Rinnen des Blutes -
es tönt wie ein riesiger Mann.
Der schreit,
ah,
der schreit mich mit lautester Stimme an!
Ich
solle kommen,
kommen in meine Gruft,
doch sollt' vorher mich läutern,
bis erneut er mich ruft.

Ich - jetzt - sterben?
Stehe breitbeinig doch da!
Und wenn ich nicht mehr stehen kann,
dann hänge ich hier sicher und fest!

Nein,
schon wieder pfeift's im Gehirne mir -
nur geläutert dürfe ich zu dir!
Sonst wär' verloren alles -
Leben und Seele!
Eines könnt' ich nur retten!
Drum wähle, wähle,
diese Stimme
nun leise flüstert mir.

Ach,
wie klappert so unbotmäßig arg
das Herze
jetzt in meiner Bruste Korb!

Mein Odem
dampfend
aus meinem Maule
und aus meinen Nüstern
und aus meinem entgegenseitig' Loche auch
mir entfleucht!

Wie nur
komme ich da hinauf?
Erst
muss ich mich läutern -
dann
steige ich auf?

Des Mammons Inkarnationen

Der sterbende **JederDann** *begibt sich, wie gefordert, auf die Suche nach einem Ort, an dem er über sein Leben nachdenken, sich läutern kann. Jedoch versucht er eigensüchtig, Ruhestätten zu finden, in denen er wie gewohnt seinen Gepflogenheiten - Prasserei, Kumpanei und Hurerei - frönen kann.*

Wohin,
wohin, wohin nur?
Nun,
wo wäre es gut,
wo passe ich rein?
Und all meine Kumpane
müssen mir folgen hinterdrein!
Und
meiner Buhlschaft
so lustvoll gespreizte weiße glatte Schenkel
müssen auch mit!
So also,
so breit
sollt' der Ort meiner Läuterung sein!

Wo,
ach wo nur
kann finden ich
die passende Lagerstatt,
drin ich mich kann läutern
und es bequem wie im Leben hab'?

Das Pharaonengrab

Ein steinern' Ruhebehältnis
sehe ich **dort** -
welch wohl behüteter Ort
und unvergänglich.
Was schwerer Deckel!
Mit letzter Kraft
schiebe zur Seite ihn fort.

Pah,
staubtrocken ist es drinnen!
Ah,
der Mammon wohnt schon **dort**,
das find' ich gut!

I,
doch welch ein abscheuliches Natterngeschlecht
wälzt sich **dort** in der Äonen Staub?
Seit Jahrtausenden
das am uralten Golde leckt,
sich mästend vom fauligen Raub.

Uh,
dies Gewürm,
das ekelt mich sehr!
Dort will ich nicht hinein,
habe dazu keinen Mut mehr.

Das muslimische Leichentuch

Und,
und, und, und **da**?
In dieses muslimische Leichentuch
hüll' ich mich ein,
wär's warm genug.
Drinnen find' ich vom Mammon
reich geschmeidete Damaszenerdolche
und prall gefüllten Harems
willig schönste Gestalten.

Das wär's!
Da könnt' ich gut läutern für lange Zeit -
wie die Stimme vorhin mir prophezeit.

Nein,
auch **da**
wimmeln der gleichen Würmer fette Leiber,
sich geifernd schlängelnd
um die bereiten Schenkel
der zweiundsiebzig Haremsweiber!

Oh,
wie kriecht das mir an mein Gemächt
und will es fressen!
Es graust mir mein Gedärm!
Da will ich nicht hin,
kann mich nicht für erwärm'n.

Der christliche Sarg

Nun das **hier**,
diese Kiste
mit dem Kreuze draufgemalt.
Ich pass' gut hinein,
hat meine Gestalt.
Dicht sitzt der Deckel
und kein neugierig' Blick
kann sehen
all diese reich geschmückten Monstranzen
und das heilige Kreuz,
dicht an dicht
mit edelstem Edelstein besetzet.

Also auch **hier**
ist schon der Mammon -
woran der klebt,
ist mir egal.

Recht
angenehm ist es im Inneren,
das Schulterteil ausreichend breit.
Hm,
schönste Buhlschaft mein,
diese Kiste scheint auch ganz bequem
für deine Schenkel weit.
Leg nur geschwind
dich umgekehrt hinein!

Oh Graus,
vom Kreuze fließen
Fluten rotschwarzen Blutes
aus drei Nägeln -
durch lebend' Adern
schmerzvoll getrieben!

Tropf für Tropf
schäumt's in gierig aufgesperrte Mäuler,
dran labend sich
das der Monstranz entkrochen'
ewig gleiche feucht' Gewürm!

Speieübel
wird mir vom Anblick
dieses gurgelnden Blutes -
hier drinnen zu bleiben,
würd' mir bedeuten nichts Gutes!

Des Mammons
Abglanz finde ich allüberall!
Dem Mammon so nah -
das könnt' mir gefall'n!
Aber es kriecht
dort wie auch **da** und auch **hier**
überall das gleiche grauselig gierige Getier!

Der Verrat an der Gruft

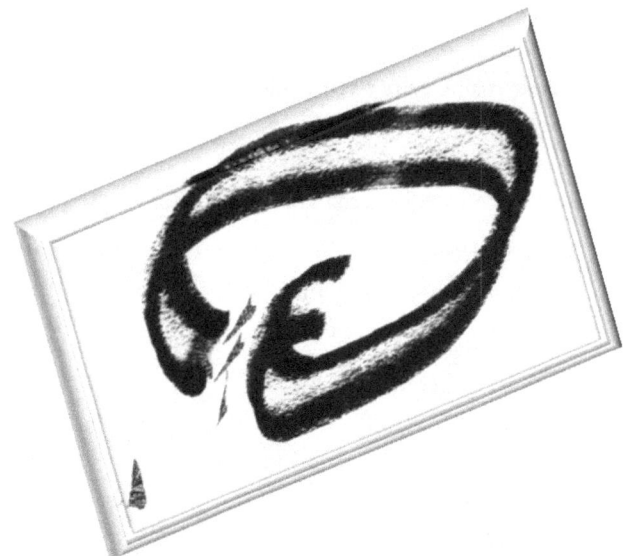

Entsetzt von den vorgefundenen Läuterungsorten zurückkehrend, beschließt **JederDann**, sein Grab nach seinen eigenen Vorstellungen zu gestalten.

JederDann plant, für einen schönen langen Aufenthalt sein Geld, seine Kumpane und letztendlich auch seine Gespielin in die selbst geschaufelte Grube mitzunehmen.

Doch wollen die auch alle mit ihm reisen?

Da
kann ich doch gleich
meine Grube selber schaufeln mir!
Dann
passt sie ganz genau,
ist ja nach meiner Beschau.

Muss reichen
für meine ganze Kumpanei,
die ja mit mir darf auf meinen langen Weg.

Auch recht bequem
für mein' Buhlschaft
sollt' das Grab schon sein
und ausreichend groß.
Für so manchen Rösselsprung
grabe das Loch ich
so richtig tief und breit!

Ja,
so tu ich's -
was der da oben auch schreit.
Schön will ich's haben in meiner Läuterungszeit!

Der Verrat des Mammons

Ach,
fast vergaß ich dich!
Du,
mein Mammon,
musst auf jeden Fall mit!
Gleich schütt' ich
meinen Goldschatz
zum Grunde der Grube -
auf dem Boden sich breitend
als klingelndes Bett.

Was,
was soll das,
warum folgst du nicht gleich?
Mein Hirn wird gesotten,
die Angst in mir steigt!
Mein Mammon,
du musst mit hinein!
Ohne mich,
mein Mammon,
kannst du niemals sein!

Pah,
was soll dein Geplärr?
Wärest immer schon
weltenweit umhergeschwadet
und hättest geködert uns Reiche am Nabel
und wärest noch niemals mein gewesen.

Das will ich doch sehen,
nur mit mir bist du groß!
Ich werde dich zwingen,
sei's mit kraftvollem Stoß!

He,
willst du wahrlich
noch immer nicht raus?
Dann
werde ich dich fressen,
steige in meine Grube
und scheiß' dich dort aus!

Oje, oje,
wie wird zum Kotzen übel mir!
Der Frack
des Mammons
scheint nicht mein Geschmack.
Mich würgt es und ekelt's,
die Galle steigt auf!
Und ach,
welch ein Grauen -
mein alter Mammon bricht mit Macht
als blutgoldene Schleimflut
aus dem Maul mir heraus.
Gefüllt sie mit Eiern,
gelegt er in mir!
Aus den Eiern schlüpft hurtig
dieses Ekelgetier.

Oh, Mammon,
mein Mammon überall,
wirst mich bringen zum Tod!
Sperre dich
in meinen schwarzen Seelenorkus
hinein zum Verfall
in meiner allerhöchsten hochpeinlichen Not.

Der Verrat der Kumpanei

Kein
Gold mehr im Beutel,
ins Grab muss ich doch!
Fühl' mich etwas erleichtert -
gibt es die andern ja noch.

Da,
an meiner Tafel,
meine große Kumpanei
sitzt noch immer dort zuhauf
und säuft fleißig und frisst reichlich
von meinem süßen Allerlei.

He,
Vettern und Basen,
Kumpane und Freund',
folgt flugs alle mir zu meinem Grab!
Bringt mit den Wein
und das geröstete Schweinchen zart -
und schleppt unsre Tafel hinab!
Drunten völlen wir fröhlich
bis zum Jüngsten Gericht,
haben Freude beim Fressen,
wer wöllte das nicht!

Und wenn ich dann aufstreb',
wenn geläutert ich sauf',
besteige ich die Himmelsleiter
und ihr schiebt mich hinauf.

He, he, he,
he, Kumpane,
was tut ihr denn da?
Nein!
Nehmt das Tuch von meiner Tafel,
schlagt mein Silber darin ein,
treibt mein Schwein mir vom Hofe,
rollt meine Weinfässer davon,
reißt mir mein Leichenhemd vom Leibe,
spottet meiner mit bitterem Hohn.

Wölltet gehen kein Stück weit
mit einem Toten in spe -
fräßet lieber im Freien
statt mir beizusteh'n!

Oh nein,
niemals und nimmer
hätte solches je ich gedacht!
Da rennen fort
diese Buhler und Spinner,
als sei von Geistern ich umnacht'.

Lassen vor Angst gar
mein Silber
aus ihren gierigen Klauen fallen!
Aus zerbrochenen Dauben
mein roter Wein wie Blut in die Erde verläuft!
Und auch das gespießte Schwein
entkommt ihnen allen,
weil panisch
meinem jetzt grauslichen Schloss sie entfleucht!

Mit geifernden Hauern
dies Schwein mich belauert
und rast plötzlich dann auf mich zu!
Will fressen mich es,
wie vorher ich es -
zur Deckung im Grab ich im Nu.

Pack's an des Schwanzes Kringel,
sammel' ein mein silbern' Geklüngel
und werfe alles
in meinen düsteren Seelenorkus
hin zur Ruh.

Der Verrat der Buhlschaft

Fort
ist mein Silber, mein Wein, meine Tafel -
muss sterben
nun ohne großes Geschwafel!
Oh,
lieb' Buhlschaft,
vielleicht begleitest wenigstens mich -
du?

Ach,
meine Buhlschaft,
du pfauengleich Gespreizte,
folgst sicher schön und lüstern
deiner goldnen Gier!
Auf dass ewiglich
ich dich könne reizen -
komm,
wohne in meiner Grube nun mit mir!

Warm und heimelig
haben wir's in unserem Grabe,
habe reiche Gaben für dich nie gescheut.
Will mich läutern an dir,
herzinniglich laben,
bis mein Klöppel
zu dem Aufstiege uns läut'.

Wenn darauf
auch deine Glocken mächtig brausen,
wenn
der Liebe Sturm uns beide hoch erhebt,
entschweben wir dem Grab
ganz, ganz weit nach draußen,
sind himmelsnah
einander eng verwebt.

Doch ich sehe,
ich seh' dich wahrlich zagen,
Schritt für Schritt
rückwärts du gehst!
Einsamkeit und Angst zerr'n mir am Magen.
Buhlschaft,
bitte, bleib bei mir,
will im Loch nicht ganz allein verweh'n!

Ach, Liebes,
ach, du Schönste,
was flüsterst du -
leise und mit gar entsetztem Gesicht?
Willst vergraben mit mir nimmermals reisen,
sein Buhlschaft mein niemals nimmer nicht!

Ich
hätt' den Schlüssel deiner Lenden Schlosses,
hätt' genutzt ihn, es zu sperren auf,
hätt' 'nen Balg unters Herz dir geschossen,
hätt' wie ein Schwein auf dir gesessen drauf!

Willst das Kind,
deinen Bauch sichtbar wölbend,
niemals bringen in diese kalte Gruft.
Weder mein Gold
noch meine Schätze du nähmest -
willst es gebären
in freiheitlicher Luft.

Dieses Kind
soll
nicht sitzen im goldenen Käfig,
nicht gemästet werden,
nicht fürs Buhlen gestopft,
sein
nicht geknebelt mit goldenen Ketten und
nicht verblendet von des Mammons Gestank!

Soll solch' Kerl,
wie ich einer wäre,
nur ganz von der Ferne
und laut anschrei'n!
Und nie, nie, nie,
niemals
solch reichem Blender
die Hand reichen,
auch nicht zum Schein.

Oh,
himmlisch' Wesen,
verschwimmst so schnell als Erdennebel.
Kann dich vergehend
nur noch seh'n,
Rauchschwaden weiß
dich jetzt verweh'n.

Ach,
für dich,
für dich nur
hatt' ich diese güldenen Ketten,
für dich nur
hob ich diesen wertvoll' Schlüssel auf,
für dich nur
war der edlen Steine Schmuckwerk,
für dich nur
richtet ich durchtanzter nächtlich' Feste Lauf.

Fort
gehst du,
willst nichts mehr davon haben!
Schütt'
auch all' das
hin zum Orkus meiner dunklen Seel'.
Kann
wahrlich nicht mehr mich dran laben,
fühlst du dich doch
damit
so nah der Höll'.

Die Sinkflut

JederDann, *eben noch wütend ob des dreifachen Verrates an seinem Grabe zusammengebrochen, wacht im Ozean einer düsteren Unterwelt treibend auf. Er sieht seine alte Welt untergehen. Ein unheimliches Schiff taucht auf - unklar, ob ihm zur Verdammnis oder zur Rettung gebaut.*

Pech
kriecht am Boden,
Blasen fauchend,
hoch zu meinen Knöcheln schwarz.
Es stinkt!
Schneller steigt es,
meine Knie umjauchend,
Irrlichter
umtanzen glimmend meinen Schritt.

Mich
zerrt und ziehet etwas tief und tiefer,
Gestank
den Atem mir fast nimmt!
Kann niemand, niemand mich erretten?
Gäb' Leben, Seele oder beides gerne dafür hin!

Dort,
im Pfuhle
dieses schwarzen Brodems,
ein Schiff,
das wabert dümpelnd auf mich zu.
Scheint
ohn' Steuer und ohn' lenkend Wesen,
treibt vorwärts nur,
getrieben von der dunklen Flut.
Die Ruder
hängen links und rechts
des Schiffes Bauches
ganz still herab,
ohn' pullend starke Arm'.
Und dennoch
nimmt dies düster' Schiff
jetzt Fahrt auf.
Das Pech
schon brodelt mir am Halse warm.

Da,
plötzlich
tauchen auch der Ruder Blätter
kraftvoll hinein ins unheilvolle Schwarz!
Schon spritzen irisierend schäumend' Tropfen
in Scharen himmelhoch
wie der Kristalle Quarz.

Am Firmament
Stern auf Stern verschluckt wird
von diesen heiß begasten
Blasen
Stück für Stück.
Und sind dann
all die Sterne aufgefressen,
ein jeder Tropf' sich dort
als Feuerball zerdrückt.

Im Bersten
Flammennadeln sie entsenden
und Schauer
splittrig, scharfer, schwarzer Hagelstein',
gefolgt
vom glühend' Schweif aus Pechgewebe
und klebrig schwarzen Spinnennetzen -
gefangen drin verdaute Stern',
verpuppt, zum Fraß umleimt.

All das
aus Schleusen gießt sich auf die Erde,
als solche
die nicht mehr erkennbar ist.
Mich deucht,
der Himmel immer flacher werde,
das düst're Meer
hinauf und ab im Kreise fließt.

Der Kahn
hat gurgelnd
mich zum Ziele,
der Bugwelle Gischt
als schwarze Bräute ihn umtanzt.
Im Dämmernebel
wild schäumenden Peches
erblicke ich
der Galionsfigure fetten Wanst.

Aus ihrem
zahnlos weit geöffnet' Munde,
halb von wildem Bart umrahmt
und halb von rosig zarter Haut,
bringt mir ein leiser Hauch
ach hoffnungsfrohe Kunde -
das Schiff,
zur Rettung ward es mir gebaut!

Im Funkenflug
zerborst'ner Sterne
den Schriftzug „Arche" eingebrannt
glaub' ich zu seh'n.
Wiewohl,
die dritte Letter scheint zu fehlen,
ein andres Wort
sollt' dort wohl steh'n.

Egal,
das dampfend' Pech,
es rinnt mir schon in meine Nase,
die Lunge
wie ein Blasebalg sich senkt und hebt,
der klebend' Dunst
verpicht mir meine Augen,
das Haar
mir Drähten gleich vom Haupte steht.

Klabautermänner
tanzen wild auf dessen Spitzen
und zerren meinen Kopf
ins kochend heiße Meer!

Darauf
des Buges tosend' Welle,
gezeugt
vom mächt'gen Rumpf dies glosend' Schiffs,
bäumt sich
hoch über mir
mit bleckend grauen Zähnen,
zu reißen auf meinen vom Pech geröstet' Leib.

Mein letztes
zuckend' Augenliderheben
zeigt mir das Ende meines Lebens -
bevor diese riesige Woge
auf mir zusammenfällt.

Den Kiel des grollend' Schiffes
schrammend fühlend,
gleichzeitig Paddelschläg'
zertrümmern mein so morsch' Gebein,
versinke ich,
mit letzten Schreien Gasblasen füllend,
die schwebend bilden ab mein vormaliges Sein.

Mit schwacher Hand
nach Haltung wühlend,
ertaste ich ein dickes, hartes Seil.
Um alles Rettende redlich mich mühend,
umklamm're ich dies Tau mit Arm und Bein.

Doch
all mein' Mühsal ist vergebens,
dem stürmend' Schiff
am Seil
nicht folgen kann.
Gepichtes Tau
glitscht mir durch meine Hände,
erhitzte Knochen setzen Pech in Brand.

Schon hör' ich
keine Ruderschläg' mehr klatschen
mit meinem pechverstopften Ohr,
schon ist
im abgrundtiefen Meer entronnen
das doch zu meiner Rettung vorgeseh'ne Tor.

Ah,
doch eh dies Tau den Leib zersägt mir,
geb' ich's von meinem Klammergriffe frei.
Will nicht als halbe Seelen schweben
mit pechgesott'nen Innerei'n!

Dem unklar' Schicksal
mich ergebend,
durchzuckt
ein mächtig' Ruck
mein' sinkend' Lebenshüll'.

Der Anker,
seinem Taue folgend,
schlägt
mittig meiner Schenkel drein.
Ein rasend' Schmerz,
kein Weib kann deuten,
haucht meiner schwindend' Seel'
ein neues Leben ein.

Gespießt,
dem Fisch gleich an der Angel Haken,
gehalten
von dem Rest der Manneskraft,
ergreife ich den Schaft des Schiffes Ankers,
bevor mir meine Kraft erneut erschlafft.

Im Seile
fühle ich der Ankerwinde
kurbelnd' Schwingung,
bin nunmehr schneller schon
als dieses zugehörig' Schiff,
der Anker
rüttelt zwischen meinen Beinen,
mein Körper
hebt sich aus den dunklen Fluten ganz alleine!
Bei freier Sicht jetzt
sehe ich in naher Ferne
aus scharfkantig' Pech
gewachs'nes mächtig' Riff!

Dorthin gezogen
werd' ich bald zerschellen -
sofort
verebben
meiner kurzen Hoffnung Wellen.

Mein Schiff
kracht auf des Riffes Kante,
die Kante
weicht des Schiffes Kraft,
die Kraft
zertrümmert dieses Pechgebilde,
das Pechgebilde
stückweis' strudelt nun auf meiner Bahn.

Die Ankerwinde
windet auf des Ankers Tau
in immer schneller werdend
peitschend', treibend' Takt.
Des Ankers Haken
bohren nah mein' Eingeweide -
am liebsten hätte ich das Ankertau zerhackt.

Doch -
ohne Messer oder Beil
muss reiten weiter an dem Seil!

Des Riffes Brocken
mir gefährlich nahe fliegen!
Mein Ankerseil verkürzt sich!
Sehe das Schiff
jetzt greifbar vor mir liegen -
ja, es verbirgt mir schon der Ferne Sicht!

Die Winde zerrt,
die Ruder
verkeilen sich in meinem Seile!
Ein letzter mächtig' Paddelschlag,
ein letzter Windenkurbelhub!

Ich fliege
samt des Ankers Masse,
des Schiffes Reling unten lassend,
und schlage auf auf meiner Rettung Deck -
der Anker bricht, mein Schmerz ist weg.

Die Verführungen

JederDann, _den Gefahren der tobenden Fluten entronnen, soll zu einem Leben in der Unterwelt, ja, als deren Verwalter, verlockt werden. Es braucht nur noch ein Unterpfand von ihm, um dort in Saus und Braus leben zu dürfen._

JederDann! JederDann! JederDann!

Hu,
mich deucht,
ich hört' erneut meinen Namen
fordernd laut gerufen
und in gar furchtbar garstiger Sprache.
Doch hier
ist es so gruselig einsam.
An des Schiffes Deck
keine Menschenseele
reist durch diese unwirtlichen Gestade.

Kein Knecht,
von Gaules Huf getroffen,
mir widerspricht.

Fässer voller Wein,
silberne Becher,
Teller,
ein ganzes Schwein
zu schleppen
gibt es hier nicht.

Das Steuerrad
dreht nach links sich und nach rechts.
Kein Steuermann hält es gepackt,
kein Kapitän Anweisungen schreit.
Das Schiff
rast schneller werdend durch diese Zeit.

Die Ruderbänke
ohne jede Kraft verwaist -
kein Rudersklav' auf der Galeer'.
Und dennoch
peitschen alle Ruder kräftig
das Schiff
behände durch das kochend' Meer so heftig.

Die Segelmaste,
steil sie in den schwarzen Himmel ragen,
- ohn' Tauwerk, ohn' Rahen und ohne Segeltuch -
ächzend
wie im Sturm sich beugen,
dem Schiffe
Flügeln gleich gewaltigen Vortrieb nun erzeugen.

Doch -
keinen Laut hör' ich!
Wiewohl mein Wams
im Fahrtenwinde schwirrt
und mein gepichtes Haar
Harfensaiten gleichsam klirrt.

Und -
kein Licht beleuchtet
dieses Schiffes unendlich weiten Weg!
Seh' hinter mir nicht, nicht vor mir
irgendeinen sicheren Steg.

Flammen
plötzlich rings des Schiffes,
grüne Blitze schlagen in die Masten ein!
Die Klabautermänner meiner drahtig' Haare
toben
nun im Mastkorb oben
im elektrisch' Funkenschein.

Feuer
bricht durch die Beplankung,
hier sicher zu sein mein Irrtum war.
Das kochend' Pech vom glühend' Meer
ergießt sich knisternd auf das Deck!

Mehr und mehr
von diesen schwarzen heißen Massen
verfüllen sich
in meines Schiffes hohlen Bauch.

Vom Pechgewichte
schwer und schwerer werdend,
neigt sich der Bug dies' Kahns
hinab zum Mittelpunkt der Erden!

Im Spiegel
glatt geronnen Peches Schollen
seh' ich den Namen meines Schiffes nun erneut.
Die vormals fehlend' dritte Letter
blakt nun in irisierend pulsend' Blau!

Ich lese klar im unruhig' Feuerschein -
es steht ein **S** jetzt vor dem **C**-Laut!
Keine **Arche** rettet mir mein Leben,
im **Arsche** eher scheinet das zu sein!

Oh,
vor dem gesenkten Bug des Schiffes
dreht sich ein riesiger Strudel ein!

Im Soge
dieses unheimlichen schwarzen Loches
stürzt,
irre lachend,
die Galionsfigure
kopfüber tief hinein.

Drei Donnerschläg'
durchbrechen dieser Welte Stille,
drei Blitze
setzen Schiffes Reling rundherum in Brand,
dreimal brüllt
diese unheilvolle grässlich' Stimme -
JederDann,
ich wäre wie jeder dann
hierher verdammt!

Mein Blick
noch hänget der Galionsfigure nach -
gerad' verschwindet gurgelnd
auch ihr letzter Fuß.
Die Stimme
schreit mir in die Ohren,
dass ich mich jetzt sofort
entscheiden muss!

Mich wendend
sehe ich,
mich entsetzend,
das Schiff
jetzt voller unruhig' Leben bebt!
Es sind die unheilvollsten Gestalten -
in meiner alten Welt hab' ich sie schon erlebt.

Am Steuerrade
stehet die ägyptisch' Mumie,
entronnen ihrem steinern' Sarkophag.
Das uralt gierige Geschlecht der Nattern
ist mit dabei auf meiner letzten Fahrt.

Mit ihren zweigespitzten Zungen
in ihrem geifernd schillernd' Haupt
durchnagen sie der Mumie Lumpen -
uraltes Gold
aus den zerkauten Löchern schaut!

Langsam
hebt die Mumie ihre Arme beide,
durchbohrt mich
mit ihrer leeren Augenhöhlen
stechend' Blick.
Durchs Zischeln
der geschwänzten Würmer
glaube ich zu hören,
im wilden Mahlstrome dort vorne
fände ich mein neues Glück.

Und
der Ruderbänke lange Reihen,
backbordseitig sechsunddreißig Riemen
und auf Steuerbordes Seite ebenso,
sind besetzt
mit jeweils sechsunddreißig Haremsweibern!
Zweimal sechsunddreißigmal
glänzt ihre makellose weiße Haut
ganz hüllenlos -
verführerisch, so nackt und bloß!

Riesengroß
sind diese Frauen,
an ihren vollen Leibern kein einzig' Haar
im rauen Winde schillernd weht.
Kraftvoll
sie ihre Riemen treiben
und kraftvoll
jede ihrer einhundertvierundvierzig
nie gesenkten Brüste
dem anbrausend Sturm entgegensteht.

Im Takt
der zweiundsiebzig Ruderblätter
gespannt gespreizte straffe Schenkel
übertragen ihre ganze Kraft.
Sirenen gleich
frohlocken ihre sinnlich roten Münder -
soll folgen ihnen in den Strudel,
der sich vor uns zusammenrafft!

Soll sammeln
alle meine Manneskräfte,
sie wären immerfort bereit,
mir beizusteh'n.
Wie lange
auch die Nächte drunten wären -
die heißen Lüste würden ihnen
und auch mir niemals vergeh'n.

Ja,
muss ich denn
den weltlich' Trieben nun entsagen?
Zum lauernd' Pfuhl ich schon darnieder flieg'!
Warum denn nicht, ich will es wagen
mit diesen zweiundsiebzig nackten Frauen,
die sich, auf mich stürzend, an mir laben!

Welch' Mann
könnt es denn besser treffen
als mich
in dieser dunklen, stinkend' Welt?
Herrlich mein Wahn,
gelagert ich auf zweiundsiebzig Riesenweibern,
zu fühlen ich noch nie gehabt!

Zum Liebesspiele
wöllte ich mich rüsten -
endlos bereit sie,
genauso ward es mir gesagt!

Doch
käme ich zu liegen
unter zweiundsiebzig
riesig großer Weiber
schweren wogend' Brüsten
im Wahnsinne ihres Liebesdienstes,
wie hol' ich Luft,
versinkend in den weichen Massen,
ertrinkend in der Milch der geilen Gier?
Für kurze Lust nur
meinen letzten Atemzug hätt' ich geopfert
in diesem vom Pech geschwärzten Paradiese hier!

JederDann,
brüllt es jetzt wieder,
was zweifle ich an meinem schönsten Traum?
Im Mahlstrome
von Weib zu Weib getrieben,
bräucht' keinen Odem mehr in diesem Raum!
Sollt' nehmen mir, was meine Lust begehrt!

Der Ortung meiner Ohren folgend,
such ich den Quell der Stimme
auf dem heftig rollend' Schiff.

Vorne,
am Fockmast,
der gewaltig
in die gelben giftig' Schwefeldünste strebt
und glänzt wie ein
diamantverbrämtes, riesiges heiliges Kreuz -
das Tauwerk Geißelpeitschen,
die Segel Büßerkittel, blutbefleckt -
ertönen jubelnd Stimmen laut im Chor.

Klabautermänner
zerren
arme Seelen
an den Haaren
aus den Hemden!
Dornenpeitschend
nackt sie
vorwärtstreibend
hin zum Bug
des Geisterboots.

Im flackernd' Schein der lohend' Reling -
welch Trugbild narrt mir meinen Sinn?
Ich glaub' zu sehen manch bekanntes,
mir wohl so sehr vertraut' Gesicht
in diesem Zug entblößt getriebener Wesen!

Dort,
dieses ungeschlachte, watschelnd' Mannesbild -
sein schwabbelnd' Wanst
verdeckt sein ach so winzig klein' Gemächt -
ist es nicht gar mein dicker Vetter,
der schnaufend in den Strudel prescht?

Und gleich danach,
kaum als Weib erkennbar -
nur Warzen statt der drallen Brüste Pracht -
sollt' das die dürre Base sein,
die hinterdrein ihm in den Abgrund jagt?

Die folgend
ungehobelt' Truppe,
die torkelnd lallt im gleichen Takt,
ist's meine tolle Kumpanei,
die Hand in Hand
im immer wilder kreisend' Pfuhl versackt?

Ein wütend' Wirbelsturm
das Schiff umfaucht.
Sein Anfang taucht
direkt hinein
in dieses schmatzend' Soges Schlund,
das Ende
kraftvoll an dem bebend' Schiffe saugt!
Ich fühl' es wohl,
es sperrt sich auf
das dampfend' Maul des Höllenhunds.

Und alle diese
mir so gut bekannten Erdgestalten -
mit glasig' Augen laut sie schrei'n.
Sie wollen schnell hinab
auf diesem wilden Sog nun reiten!
Das höchste Glück scheint wohl
der gurgelnd' Strom für sie zu sein!

JederDann!
Die schrecklich' Stimme
fährt nun fordernd
hinterrücks mich wütend an.
Solle nicht gaffen voller Unverstand!
Soll sie anschauen,
diese Freunde meiner Erdentage!
Verräter die,
als ich allein und wutentbrannt!

Nun folgen alle, alle
wieder meinen Spuren nach -
weil man ihnen allen dieses
in die schmierig' Händ' hinein versprach -
ja schon,
auch meinen Mammon
mir hinabzuschicken -,
damit ich füttern könnt'
die Dürren und die Dicken!

Mein Mammon,
ach, mein Mammon!
Bist du endlich wieder hier in meiner Nähe?
Noch kann ich dich
an keiner Stelle irgendwo erspähen -
wiewohl ich schnell durchsuch'
die Mitte dieses lodernd brennend' Decks.

Der Hauptmast
ruht dort
fest verankert in den Eingeweiden
dieses vom Mahlstrome gejagten Kahnes.
Gierig
folgt meines Wimpernschlages Sehnen
den Rahen aufwärts Blick für Blick.

Edelsteine
überall sind da verkittet -
ein Goldschmied war wohl sehr bemüht.
Und endlich
seh' ich nah am rauchend' Himmel
wie gülden hell
ein monströser Strahlenkranz erglüht.

Des' Strahlen
ordnen sich wie Wimpern um
einen riesig gläsern' Okulus herum.

Hinter dem konvex gebog'nen Glas -
bist du wohl dort,
mein bester Mammon,
im ins Unendliche vergrößert' Maß?
So lange warst du fort!

Ach,
durch die Lupe dieses Okulus
riesenhaft vergrößert muss
ich dich doch sehen!
Erschiene jede Dukate doch
so groß wie der Rose See!

Doch nichts
flirret goldig hinter dieser Linse,
keinen roten Heller ich erblick'!
Geschweige denn
der Golddukaten unzählbare Mengen -
das wäre mein Glück!

Erblicke nur
Kleider, Tücher, Sachen.
Ja,
Lumpen bloß
taumeln in dem gekrümmten Lupenglase!

Der Lendenschurz des Hohepriesters
aus der verschwund'nen Pharaonenzeit
schwebt in dem sphärisch' Äther dort.
Und eines Imams Umhang
wirbelt an demselben Ort
recht schnell im Kreis.
Sodann gesellt sich gar
des Papstes Messgewand
dem wilden Reigen zu.

Ein Tigerschädel
rast fauchend in dem Raum herum,
ein Turban
dreht sich einem wilden Derwisch gleich
und eine Tiara
torkelt im Delirium.
Sie alle tanzen wüst
in dieses Okuluses Reich.

Und alsbald
stürzen
die Tigermaske des Hohepriesters,
der Turban des Gebetsvorlesers
und die Tiara - des Papstes Krone -
hinab zu der Gewänder Hals.

Jedoch,
all dieser heiligen Kopfbedeckungen Stand
scheint nicht sehr fest
am zugehörigen Gewand.

Der Tigerkopf
schäkert mit des Muselmanen Kleid,
der Turban
jetzt das Messgewand verziert
und die Tiara
gar mit dem Lendenschurz verkehrt!

Doch
welch wunderlich' Chimären
diese stofflich' Fetzen auch gebären -
im düster, fahlen blendend' Licht
sehe ich
zwischen Rock und Hut
nirgendwo ein Gesicht!

Wo Kopf und Hals gebildet wären,
wo Gurgel, Kinn und Maul sich zeigten,
wo Wangenröte, Bartes Stoppeln,
wo Nüstern dampften, die Nas' sich böge,
wo Augen blickten, Ohren lauschten,
wo Stirn sich wölbte,
wo schwarzrotblonder Schopf verwehte -
sehe ich
dreimal
nur ein Nichts!

An Hauptes Stelle Blitze lohen,
Wetterleuchten tobt im Glas,
der Lumpenwirbel schneller rast.

Nebelschwaden wabern wild,
gelbes Gas verfüllt das Hohle.
Sturmgebrüll, ein Werwolf heult,
schlurfende Schritte, verglühende Kohle.

Ein wilder Wirbel
beginnt sich heftig einzudrehen,
erzeugt sich selbst
im Zentrum dieser gläsern' Blase,
vermengt die Lumpen,
lässt sie ineinanderwehen
und quirlt daraus
eine unheilvolle,
blutig rote, dampfend', glimmend' Masse.

Stampfen hör' ich, Seufzen, Stöhnen,
Feuer knistert, Funken zischen.
Ein riesiger Webstuhl beginnt zu dröhnen
beim grauseligen Stoffemischen.

Und
aus des Webstuhls Rattern fließt
ein neu verwobenes Stoffgebilde.
Das tobt herum jetzt
außer Rand und Band
als pechschwarz verfärbtes Umgewand -
mit roten Knöpfen,
aus deren Löchern,
wie der Geysire Dampf,
Schwefelgas entweicht,
das sich verweht zu schaurigen Geschöpfen.

Am Revers,
im Knopfloch angesteckt,
eine schwarze Rose
welkend ihr blätternd Blütenköpfchen neigt
und trutzig ihre trock'nen Stacheln
bedrohlich dem Betrachter zeigt!
Das weiße Halstuch leichenblass
im stinkend' Schwefelsturm sich dreht,
die leuchtend rote Schärpe
einem schmächtigen Leib zur Seite steht.
Die Beingewänder
sind aus feinstem Tuch geschnitten,
der Hosenlatz
scheint deutlich länger,
als für einen Mann gemacht.
Die Füße
stecken in eigenartig geformten Galoschen,
als ob der Schuster
etwas zu verbergen hätte gedacht.

Und über allem thronend schwebt,
zu decken
den noch immer nicht vorhand'nen Kopf,
eine schwarze Kappe.
Auf dieser sind zwei kurze Höcker aufgebaut,
zwischen denen weißer Pechdampf wird gebraut.

Dieser helle Rauch beginnt zu fließen,
dorthin,
wo bisher dreimal ein Nichts sich dreht,
um dann
von Weiß zu Schwarz sich umzugießen,
als käme er
aus des Vatikanes Schlot direkt hierher geweht.

Der Strahlenkranz beginnt zu glühen,
rotblaue Blitze springen quer,
Regen aus geschmolzen' heißen Läutertropfen
benetzt das Lupenglas mehr und mehr.

Das Glas! Das Glas! Das Glas!
Der Okulus! Das Auge - bricht!
Die Scheiben bersten!
Abertausende Splitter wie Gischt.

Alles,
alles das,
was gerade noch im Okulus war,
und die Dämpfe
und die Gase
und die Scherben
versintern an dem leeren Orte sich gar -,
um mit Donnergrollen
zu einem Antlitz zu werden.

Hier Kopf und Hals gedrechselt werden,
hier Gurgel hüpft, ein spitzes Kinn sich senkt,
hier dann das Maul recht breit wird eingerenkt,
hier Wangen blass mit Bartes Stoppeln dünn besäht,
hier Augen glüh'n und lange Ohren sind vernäht,
hier Nüstern in die krumme Nase tief hineingebohrt,
hier Stirne wird recht fliehend modelliert,
hier spärlich' gülden' Haar sich schütter löckt!

Hu!
Dreimal Boshaftigkeit
verfüllet jetzt
das Nichts!

Ein blendend heller elektrisierender Blitz,
ein Knall,
ein Echo
aus dieser und aus der anderen Welt -
dann unheimliche Stille.
Dieses Nichts sich selbst zusammenhält!

Meine Ohren betäubt,
meine Augen geblendet,
mein Herz gesträubt -
mein Leben beendet?

JederDann! JederDann! JederDann!
Watteweiche Worte
regen meine Trommelfelle an.
JederDann! JederDann! JederDann!
Schein' ich zu hören,
doch noch glaube ich nicht daran.

Ein meckerndes Lachen
von oben erschallt,
vom Hauptmast rieseln Dukaten.
Die grässliche Stimme
beschwörend hallt,
hätt' getan mir so gute Taten.

Da,
im Zentrum
des riesigen Strahlenkranzes sitzt,
die Beine übereinandergeschlagen,
der Unaussprechliche,
grinst breit und gewitzt,
den Schwanz
manierlich um die Hüften getragen.

Tatsächlich,
da hockt er,
der Teufel, der Satan, der Luzifer fürwahr,
auch Hinkefuß und Antichrist,
ja Beelzebub, der Leibhaftige gar!

Da hockt er,
Inkarnation alles Schlechten und Bösen!
Dieses Gebräu
aus den Gedanken der Priesterschar,
die droben glaubt, Seelen zu erlösen!

Der prahlt,
hätt' mir geschickt
meine ganze Kumpanei,
mit sich schleppend die reich gedeckte Tafel.
Und auch Wein flösse ewiglich
aus dem Kelch von dem Altare.
Nein,
kein Messwein würde es sein,
jetzt fließt ein edler Tropfen,
etwas ganz Rares!

Hätte
für Weiber riesig gesorgt,
so hätt' ich
Lust für Tausende Jahre.
Und der goldene Mammon
von damals bis heut
sei mir Gefährte für alle gewünschten Waren.

Meint,
hätt' geplagt schon seit Langem sich,
mich zu locken zu seinem schwarzen Pfuhle,
hätt' gedeckt mir so reich den Tisch,
könnt' in Bequemlichkeit mich überall suhlen.

Ja,
was soll er noch bieten mir,
mich in seinem Reiche zu halten?
Könnt' mich gut brauchen
in seinem schwarzen Revier,
solle die Hölle für ihn verwalten.

Der Teufel
auf dem Mast
mit den Hufen scharrt,
neigt den Kopf,
Schwefeldampf schmauchend,
stützt die Arme
lässig auf seine Knie,
lässt seinen Schwanz jetzt munter baumeln.

Ach,
Menschen!
Sie wären doch immer gleich
und er wisse, wonach ich noch lechze.
Er hätte meine Wünsche schon tief studiert,
als ich droben im Müßiggange ächzte.

Ein Sturm
macht sich auf,
faucht durch den Strahlenkranz
von einer Welt in die andere.
Blondes Haar
weht in meinen jetzigen Ort,
Wehklagen hör' ich in der Ferne.

Der Orkan
treibt im wilden Tanz
ein Weib
auf des Satans bereiten Schoß.
Dort
fesselt der es mit seinem Schwanz -
die Quaste dient als Vorhangschloss.

Hier wäre sie nun auch,
meine Buhlschaft,
diese Undankbare,
die, die sich mir verleugnet hat
am Fuße meines Grabes!

Oh,
mit meiner Buhlschaft an meiner Seit'
würde ich ihm gerne dienen.
Trieben's die Riesenweiber mit mir zu weit,
könnt' ich mein' Buhlschaft
inniglich herzen und lieben.

Ja, ja, ja!
So send' er mein' Buhlschaft zu mir herab,
dann würd' ich ihm die Hölle verwalten.
Ich holte die Seelen aus jedem Grab
und wöllt' gerne seine Feuer gestalten.

Der Beelzebub
schnäuzt sich,
hebt wehrend die Hand,
meint,
er hätte rechtschaffen gelitten,
als er droben
in dem ihm so kalten Land
die Buhlschaft
zu diesem dunklen Orte musst' bitten.

Es bräuchte noch den Schlüssel
zu seines Schwanzes Quaste Schloss!
Erst dann könne ich entfesseln
die Buhlschaft von seinem Schoß.

Ach,
ich ahne es, ein Kontrakt soll her,
geschrieben auf Leder und Leinen.
Und unterzeichnen müsse dann mein Blut -
auf dass ewig ich muss für ihn eilen.

Schnell her mit dem Kiel
von der Feder der Gans,
schneid' er auf mir den Puls,
lass' mein Blut rinnen!
Könnt' so unterzeichnen auf seinem Wams,
um mein' Buhlschaft für mich zu gewinnen.

Der Luzifer winkt ab.
So etwas wären uralte Rituale -
Kontrakte, mit Blut unterschrieben!
In der modernen Zeit bräuchte es ein Pfand,
etwas Eigenes,
was nur ich könne lieben.

Ja, ja, ja!
Ein Pfand will ich dir geben.
Nimm mein Herz mir aus der Brust,
reiße meine Därme mir aus dem Leib,
löffle mein Gehirn mir aus dem Schädel
und nutze meine Lunge
als Blasebalg für deine Feuer!

Ich will auch
mit meiner blutenden Zunge unterschreiben!
Nur eine Bedingung habe ich:
Mein Gemächt, das muss bei mir bleiben!

Pah,
Herz, Darm und Gehirn
wären ihm wenig wert -
und sein Schwanz wär' ihm angeboren.
Ich müsst' etwas opfern von meinem Blut,
dessen Seele noch nicht ist verloren.

Solle doch schauen
auf das von ihm gefesselte Weib!
Doppelte Last wär's,
er könne es kaum noch halten.
Denn
es beschwert neue Frucht
den hochschwangeren Leib!
Er wüsste es jetzt schon,
ich hätte gezeugt einen prächtigen Knaben.

Dieser
sei Bürgschaft für unser'n Vertrag,
diesen
wolle er unbedingt besitzen,
dieser
sei so unschuldig ihm zur Freud,
diesen
bettet' er weich,
mit ihm an seinen Feuern zu schwitzen!

Der Mahlstrom
tobt mit tosender Gier
und der Höllenhund bleckt seine Zähne,
im Strudel winken die Weiber mir,
wollen feiern, sich nach mir sehnen,
mein dicker Vetter säuft dort meinen Wein,
die dürre Base rollt sich auf der Tafel
und mein Mammon scheint in Ekstase zu sein -
tapeziert die Hölle mit goldenen Talern.

Nur dieses Unterpfand
- hätt' ich es je gewollt -
müsst' dem Beelzebub ich jetzt geben?
Ach was -
wozu brauche ich schon
meiner Lenden Lust entsprungenes Leben!

Der Teufel keift,
der Höllenhund kläfft
und es johlen meine Kumpane.
Das Gold klimpert auf dem getafelten Tisch,
der Harem stöhnt verführerisch -
nun denn,
so sei es geschehen um mich!

Noch zögernd hör' ich,
wenn auch nicht sehr laut,
dürft' den Knaben als Pfand nicht geben!
Welch furchtbares Schicksal
nähm' er sonst bald
in den Klauen dieser Dreierchimäre!

JederDann! JederDann! JederDann!
Fast weckt diese Stimme die Toten.
Mein Tritt
auf ihren runden Leib
würd' pressen
den Knaben heraus so weit,
dass er fiele in seine begehrlichen Pfoten!

Mein Fußabdruck
auf diesem schwangeren Bauch
wäre ihm als Siegel genug.
Er nähm' den Knaben,
ich das Weib -
wo lauere da ein Betrug?

Schon klettere ich den Hauptmast hinan,
Diamanten sind meine Steige.
Der Teufel reicht mir sabbernd die Hand,
den Leib meiner Buhlschaft mir zeigend.

Mein Stiefel
sucht der Buhlschaft Leib,
ihr Leib
flieht meines Stiefels Tritt,
der Tritt
bricht des Schwanzes Schloss,
das Schloss
mein' Buhlschaft nicht mehr fesseln kann -
sie sinkt in meine Arme.

Mein' Buhlschaft
sendet Sterne zu mir,
die dunklen aus ihren Augen.
Ich könne nicht wollen,
dass sie weile hier
am Orte dieses stinkenden Grauens.

Solle sinnen an die schönste Zeit,
die wir gemeinsam durchlebten.
Für jeden wär' auf unserer Welt so weit
ein Ort, lässt Herzen erbeben.

Ein Läutwerk
sanft klingt in den Ohren mir,
ein Windhauch
duftet nach Moder und Erde,
eine zarte Kraft
zieht mich ganz sachte zu ihr -
in der Gruft nun geläutert ich werde.

JederDann! JederDann! JederDann!

Die Läuterung

Im letzten Moment den Verlockungen entronnen, sitzt **JederDann** *wieder allein an seinem Grab. Hier überdenkt er erstmalig sein Leben und versucht zu erkennen, was die Welt zusammenhält.*

Oh!
Du mein' Buhlschaft,
meine Liebschaft - mein?
Dein Antlitz
flirret wie des Spiegelbildes Trug.
Sind all diese Dinge, diese edlen,
nicht mehr als, mehr als, mehr als genug -,
dich zu halten
in meines Palastes Kreis?
Zu feiern, zu tanzen, zu trinken, zu essen,
zu tun Dinge,
machten uns beide so heiß?

Sollt' wahrlich ich haben etwas vergessen,
etwas verschütt' sein in meiner Seel'?
Etwas, was Gold und ausschweifend' Leben
besinnen kann, ja ersetzen recht schnell?

Ist das es,
was vorhin mir bohrt im Gehirne,
ist es der Tand,
in meiner Seele Orkus längst entfleucht,
ist es der wilde Ritt
durchs gierig reiche Leben,
was mir mein Seelenheil verseucht?

Ist das es,
was die Menschen treibt,
ist das es,
was sie zum Höllentanze jagt,
ist das es,
was ganze Menschenstämme zerreibt,
ist das es,
was mordet uns Jahr für Jahr?

Müsst' nicht auch
dieser güldene Staub aus der Äonen Grüfte,
ja,
von **dort** und von **da** und auch von **hier**,
versammelt sein
in des dunkelsten Seelenorkus
miasmatischer Düfte?
Ist all das nicht gleich böse
aller bösen Güter von mir?

Wo ich auch hinseh',
wohin ich auch renn' -
nur eine Frage
mir in meiner Netzhaut brennt:
Ist's der Mammon,
der diese ekligen Würmer nährt
oder sind's die Würmer,
die den Mammon gebär'n?

Oder
presst dieser goldene Mammon
aus seiner Kloake
all diese blutigen Eier aus
und setzt sich drauf,
um sie hinauszubrüten?
Und
die geschlüpften Wurmkreaturen,
die fressen den goldenen Mammon
von seinem Scheitel an
immer wieder auf?

Ja,
wenn nun von dieser Welt ich muss scheiden,
nicht wissend,
wo mein Weg wird führen mich hin -
eine gute Tat
in meinem Leben will ich lassen beeiden!
Drum sei alles Böse dieser Welt
auch noch in meinem Seelenorkus drin!

Nehm's
von **dort** und von **da** und von **hier**,
sammel' auf
das überall gleiche erschreckliche Getier,
lad' es mir
auf mein Kreuze schwach,
nehm'
alles mit in meine Grube,
fort von hier danach.

Arm oder reich,
lieblos oder weich,
schwachen Kreuzes Last,
gute Tat, lange Rast,
Orkus randvoll,
läuternd ich mich roll',
irgendwo, nirgendwo Gast.
Nein, nein, nein, nein, nein!
Nein!
Meine Gruft bleibe mir rein!
Nicht gekreuzigt' Märtyrer
dieser Welt ich will sein!

Werfe die Schätze vom Orkus
wieder hinab zur Erde,
auch das darauf wuchernde Geschwür,
auf dass alles dort geläutert werde,
seht,
schnell verteilt sich's nach zufälliger Manier.

Könnt' der Mammon
nicht jedem dann zunütze sein?
Oder würd' etwa jeder dann
sich auch verblenden lassen
von seinem trügerischen Schein?

Als wie -
jeder dann
sammelt Stück Goldes sich ein,
jeder dann
hätt' nur ein winzig Mammönchen,
jeder dann
füllt' nur sein eigenes Tönnchen,
jeder dann
mit Gold wär' - wie ich - gar ein Schwein?

Jeder dann
könnt' golden' Verblendung bezahlen,
jeder dann
könnt' mit Gold verkleiden
gleisnerische Glaubens-Sakrale,
jeder dann
könnt' züchten sein eigen' Schlangengetier,
jeder dann
könnt' es mästen mit seiner Gier.

Oder aber -
jeder dann
kann aus der ekligen Nattern Zungen
goldene Schreibfedern spitzen,
jeder dann
kann auf goldenen Schulgebänken sitzen,
jeder dann
kann in goldenen Lettern
klare Gedanken aufschreiben,
jeder dann
kann für aller Wissen
eine goldene Lehranstalt betreiben!

Jeder dann
kann sein Gold auch weiterschenken,
jeder dann
kann des Mammons freundlich gedenken,
jeder dann
kann so Gold zu vermehren streben,
jeder dann
kann den Mammon
bekehren - mit uns - zu leben!

Jeder dann
kann nun suchen
nach dem Sinn seines Seins,
jeder dann
kann frei entscheiden
über das **Dort**, über das **Da** oder über das **Hier**,
jeder dann
kann ohn' zwingend' Ruf
sich läutern nun von ganz allein,
jeder dann
kann stürzen und sich erheben
im Kampf mit diesem ewigen Ungetier!

Oder auch wiederum -
jeder dann könnt' …
jeder dann würd' …
jeder dann wöllt' …

Nur **IchDann** kann das nicht mehr,
ich vergab mir mein Leben!
Weiß es noch immer nicht,
ihr alle, sprecht,
wohin nur sollen wir streben?

Epilog

*Einsam bricht **JederDann** vor seinem Grabe zusammen. Er versucht, sich mit der kühlen schwarzen Erde zu bedecken. Über die letzte unbeantwortete Frage sinnend vergeht sein Leben. Halb sinkt der leblose Körper in die dunkle Tiefe der Grube, halb bleibt dieser im Freien. Die eine Hand umschließt unten die Graberde, die andere klammert sich oben am frischen Grase fest.*

***JederDanns** Augen brechen gemeinsam mit seiner Welt. Kein Raum scheint ihn aufnehmen zu wollen, keine Erde eine Wohnstatt für ihn zu sein …*

*Wer wird künftig um die rechten Wege zum **Dort** oder zum **Da** oder zum **Hier** kämpfen?*

Zeitfracht Medien GmbH
Ferdinand-Jühlke-Straße 7
99095 Erfurt, Deutschland
produktsicherheit@kolibri360.de